누가의 종합

지저스 리포트

지티엠 · 다세연 공동개발

청소년을 위한 본문별 성경공부

3

누가의 종합

지저스 리포트

gtm • 다세연 공동개발

JESUS REPORT

gtm

지저스 리포트의 구성과 사용법

으쌰! 팀빌딩 10분 이내

우리는 예수님을 알아가고 닮아가려는 한 가지 목표를 가진 팀입니다. 하나님은 두 세 사람의 팀이 모일 때 함께 하시고 팀이 사랑할 때 기뻐하시고 팀이 기도할 때 응답하십니다. 팀 빌딩 시간은 팀원이 서로 알아가고 서로 배우고 서로 힘을 합쳐 미션을 수행함으로 지저스 원 팀으로 세워지는 시간입니다.

팀빌딩의 내용은 청소년 전문 연구기관인 다세연에서 제공합니다.

아하! 바이블 15분 이내

성경은 인생이라는 집을 세우는 가장 완전한 벽돌입니다. 아하! 바이블 시간은 성경 1장을 통해 우리를 향한 하나님의 뜻이 무엇인지를 살피는 시간입니다. 먼저 성구의 괄호를 채우고, 요약의 괄호를 채워보세요. 요약 훈련은 글에 대한 이해력을 높이는 가장 좋은 방법입니다.

요약 괄호에 들어갈 정답은 반드시 설명에서 사용한 단어입니다.

아자! 라이프 10분 이내

요약 모음으로 배운 내용을 복습한 후, 팀원들과 받은 은혜를 나누고 짧은 묵상을 통해 마음에 새김으로, 말씀의 벽돌로 삶을 세울 수 있도록 돕는 단계입니다. 말씀을 듣고 순종하는 자는 반석 위에 집을 짓는 자 같아서, 처음에는 느리지만 무너지지 않는 아름다운 인생의 집을 세우게 될 것입니다.

* 인도자용 교안은 홈페이지에서(www.gtm.or.kr) 확인하실 수 있습니다.

CONTENTS OF JESUS SERIES 3

누가복음

*지저스 리포트 시리즈는 개역개정판 성경을 사용하고 있습니다.

누가복음 가난한 만민에게 기쁜 소식이 되는 예수님의 삶과 가르침에 대한 종합정리

누가복음은 의사인 누가가 예수님의 삶과 가르침에 대해 '그 모든 일을 자세히 미루어 살핀' 후에 성령의 감동으로 기록한 책입니다. 그래서 누가복음에는 마태복음이나 마가복음에는 없는 다양한 기록들이 들어 있습니다. 이 때문에 누가복음은 다른 복음서를 읽을 때 궁금했던 배경이나 보다 자세한 내용에 대해 설명해주는 종합정리와 같은 책입니다.

누가복음의 특징은 전 세계 만민을 향한 예수님의 구원 계획에 분명하게 집중하고 있다는 것입니다. 이와 같은 이방인에 대한 관심은 잃어버린 양, 잃어버린 돈, 잃어버린 아들 비유를 통해서 가장 분명히 드러나고 있습니다. 이 때문에 이 책은 이방인의 복음이라고도 불립니다.

누가복음의 또 다른 특징은 가난하고 소외된 자에 대한 깊은 동정과 관심입니다. 이것은 어리석은 부자 비유, 초청받지 못한 자로 채워지는 큰 잔치 비유, 부자와 거지 나사로 비유 등을 통해서 드러납니다. 또한 이 같은 관심은 나인성 과부, 회개한 창기, 혈루병 여인, 불의한 재판관과 한 과부의 청원 비유, 마르다와 마리아 자매 이야기 등 사회적 약자인 여성들에 대해 집중적으로 언급하는 것을 통해서도 잘 드러나고 있습니다.

한편 누가가 이렇게 꼼꼼하게 사료를 조사할 수 있었던 때는 아이러니하게도 바울이 가이사랴 감옥에 갇혀 있던 3년의 기간으로 알려져 있습니다. 바울의 수행자요 끝까지 그의 곁을 떠나지 않았던 누가는 가이사랴 감옥에서 바울의 신변에 위험이 없을 뿐 아니라 복음사역에서도 별다른 진전이 없자, 영원히 남을 보배로운 성경을 기록할 수 있는 소중한 휴가를 가질 수 있었던 것입니다.

이처럼 복음의 역사는 바울이 아니라도 누가를 통해서 계속 되었습니다. 그리고 이것은 바울의 가장 좋은 팔로워였던 누가에 대한 하나님의 보상이라는 점에서 더욱 감동적인 비하인드 스토리입니다.

권지현

예수님의 오심을 준비한 사람들

01

누가복음 1장

으쌰! 팀빌딩

영적체험 yes or no

가끔 우리는 말로는 잘 설명이 되지 않거나, 다 이해할 수 없는 영적 체험을 경험합니다. 바른 영적체험은 초월하시는 하나님을 인격적으로 만나는 중요한 하나의 계기가 될 수 있습니다. 지금까지 내가 경험한 영적체험이 있거나 혹은 그런 영적 체험을 원한다면 YES칸에, 만약 경험하고 싶지 않다면 NO칸에 표기하고 간단한 이유를 나눠보세요.

YES	NO

오늘 본문은 바른 영적 체험이 사람을 어떻게 변화시키는지를 보여주는 이야기입니다.

먼저 누가복음 1장을 펴 놓으세요.

1. 의롭고 흠없는 삶을 산 제사장 부부

성구 6 이 두 사람이 하나님 앞에 □□이니 주의 모든 계명과 규례대로 □이 없이 행
하더라 7 엘리사벳이 잉태를 못하므로 그들에게 □□이 없고 두 사람의 나이가 많더라

누가복음은 세례요한의 부모가 될 사가랴와 엘리사벳 부부의 이야기로 시작됩니다. 이 부부는 하나님 앞에서 인정받은 의인이었으며 말씀대로 살기 위해 최선을 다하는 사람이었습니다. 하지만 이들에게는 늙을 때까지 자식이 없었습니다. 제사장 부부인 그들에게 이 문제는 큰 고통이 아닐 수 없었을 것입니다. 그러나 그들은 끝까지 의로움을 지키는 자들이었습니다. 의인에게 있는 고난은 하나님께서 무언가 특별한 일을 하시는데 사용되는 특별한 재료를 제공하는 것입니다. 그러므로 말씀대로 살고자 노력할 때 찾아오는 고난이 있다면, 더욱 인내하며 성실함을 지켜야 합니다.

요약 □□대로 살고자 노력할 때 받는 □□은 하나님께서 하시는 특별한 일에 특별한 □□를 제공하는 것입니다.

2. 영적 체험으로 말문이 닫힌 제사장 부부

성구 20 보라 이 일이 되는 날까지 네가 □ □□□ □가 되어 능히 말을 못하
리니 이는 네가 □□을 믿지 아니함이거니와 □가 이르면 내 말이 이루어지리라 하
더라

제사장 사가랴는 제비뽑기를 통해 성전 안으로 들어가 분향하는 일을 맡게 되었습니다. 그런데 그때 주의 사자가 분향단 우편에 선 것을 보게 되었고, 자녀에 대한 약속을 받게 되었습니다. 하지만 그는 너무 놀라서 선뜻 믿지를 못했고, 천사는 그런 사가랴가 벙어리가 되게 했습니다. 그런데 믿음이 없을 때 말문이 닫히는 것은 은혜입니다. 왜냐하면 불신앙적인 말로 하나님의 역사를 훼방하지 않을 수 있고, 때가 되어 그 말씀이 이루어질 때 기쁘게 하나님을 찬양할 수 있기 때문입니다. 사실 깊은 영적 체험을 한 사람은 쉽게 말문을 열 수 없게 되어 있습니다. 이것은 엘리사벳이 평생의 수치였던 불임을 끝냈지만, 다섯 달 동안이나 속으로만 하나님을 찬양하는 모습을 통해서도 잘 볼 수 있습니다.

요약 믿음이 없을 때 □□이 닫히는 것은 하나님의 역사를 □□하지 않고 찬양할 수 있게 해주는 □□입니다.

3. 믿음의 고백을 한 제사장 부부

성구 42 큰 소리로 불러 이르되 □□ 중에 네가 복이 있으며 네 태중의 □□도
복이 있도다 45 주께서 하신 □□이 반드시 이루어지리라고 □□ 그 여자에게
복이 있도다

엘리사벳은 친척인 마리아가 자기 집을 방문했을 때 세 번이나 복이 있다고 외쳤습니다. 처녀 마리아의 임신은 인간적인 눈으로 보면 분명 고난의 시작입니다. 그것은 꿈꾸어오던 행복한 결혼식은 물론이고 지금까지 지켜온 자기의 평판이나 소소한 희망도 다 포기해야만 하는 것이었기 때문입니다. 하지만 믿음의 눈을 뜬 엘리사벳은 예수님께서 이 땅에 오게 하시는데 통로로 사용되는 것이 얼마나 큰 축복인지 볼 수 있었기에 이런 고백을 할 수 있었습니다. 이 같은 변화는 사가랴에게도 일어났습니다. 엘리사벳이 해산을 하자 친족들은 아이의

이름을 전통을 따라 '사가랴'로 해야 한다고 주장했지만 사가랴는 서판에 하나님이 주신 '요한'이라는 이름을 썼습니다. 아버지의 이름을 따라 짓는 것은 아이에게 그들이 예측할 수 있는 괜찮은 삶을 기대하는 것이라면, 하나님이 주신 이름을 따르는 것은 하나님의 뜻을 이루는 삶을 기대하는 것입니다. 이 고백대로 그들의 아들 세례요한은 예수님의 앞길을 닦는 선지자가 되었습니다.

요약 믿음의 ___ 을 뜨게 되면 믿음의 ___ ___ 을 하게 됩니다.

아자! 라이프

요약 모음

- 말씀대로 살고자 노력할 때 받는 고난은 하나님께서 하시는 특별한 일에 특별한 재료를 제공하는 것입니다.
- 믿음이 없을 때 말문이 닫히는 것은 하나님의 역사를 훼방하지 않고 찬양할 수 있게 해주는 은혜입니다.
- 믿음의 눈을 뜨게 되면 믿음의 고백을 하게 됩니다.

나눔 오늘 내용을 통해서 새롭게 알게 되었거나 결심한 바가 있으면 나누어 봅시다.

오늘 공부한 내용을 기억하면서 주중에 누가복음 1장 전체를 읽어 봅시다.

짧은 묵상

내가 정말 무엇을 경외(awe)하고 있는지는, 자신에게 그것이 있으면 너무나도 경이롭지만(awesome) 자신에게 그것이 없으면 너무나도 끔찍한(aweful) 바로 그 대상이 무엇인지 살펴보면 알 수 있습니다.

예수님을 처음 맞이한 사람들

02

누가복음 2장

으쌰! 팀빌딩

Welcome Jesus!

1. 최근에 누군가를 자기 집이나 자기 방에 초대한 적이 있나요?

2. 그 사람을 환영하기 위해 내가 가장 열심히 준비한 것은 무엇인가요?

3. 내 삶에 예수님을 초대하기 위해 내가 해야 할 준비에는 어떤 것이 있을지 생각해 봅시다.

오늘 본문은 이 땅에 오신 예수님을 어떤 사람들이 처음 맞이했는지에 관한 내용입니다.

먼저 누가복음 2장을 펴 놓으세요.

1. 밤에 들판에 있던 가난한 목자들

성구 12 너희가 가서 강보에 싸여 ____ 에 뉘어 있는 아기를 보리니 이것이 너희에게
____ 이니라 하더니

메시야의 탄생 소식을 가장 먼저 들은 사람은 밤에 들판에서 자기 양 떼를 지키던 가난한 목자들이었습니다. 그들은 천사가 나타나서 영광의 빛을 비칠 때 크게 무서워하였습니다. 거룩한 제사장이나, 특별한 신자가 아닌 자기같이 비천한 사람에게 이 같은 일이 일어나리라고는 상상도 못했기 때문입니다. 천사는 그들에게 온 백성에게 미칠 큰 기쁨의 좋은 소식을 전했습니다. 그것은 다윗의 동네에 구주가 나셨다는 소식이었습니다. 그리고 그 아이를 혼동없이 찾을 수 있는 확실한 표적을 알려주었습니다. 메시야가 화려한 왕궁이나 거룩한 성전이 아니라 마구간의 구유에 누인 것은 그분이 가난한 자들을 위해 오셨고, 아무리 가난한 사람도 그분을 영접할 수 있음을 분명히 보여주는 것입니다.

요약 예수님께서 ____ 에 누이신 것은 아무리 가난한 사람도 그분을 ____ 할 수 있다는 확실한 ____ 입니다.

2. 참된 위로를 기다린 시므온

성구 30 내 눈이 주의 ____ 을 보았사오니 31 이는 ____ 앞에 예비하신 것이요
32 ____ 을 비추는 빛이요 ____ ____ 이스라엘의 영광이니이다 하니

마리아는 생후 40일 된 아기 예수를 데리고 예루살렘으로 올라갔습니다. 그런데 이것은 한 사람에게 평생 기다려온 하나님의 언약이 성취되게 하기 위함이었습니다. 의롭고 경건한 시므온은 죽기 전에 그리스도를 볼 것이라는 성령의 지시를 받았고, 성령의 감동으로 예수님께서 성전에 오신 날 자신도 그곳을 방문하게 된 것입니다. 아기를 안은 시므온은 이 아기가 '만민'을 위해 예비된 구주이며, '이방'을 비추는 빛인 동시에, 자기 백성의 영광이라고 선포합니다. 평생 이스라엘의 위로를 기다린 시므온의 입에서 나온 이 선포는, 예수님이야말로 주의 백성과 세상 만민이 간절히 기다리는 참된 위로자임을 분명히 보여줍니다.

요약 이방의 □이요 자기 백성의 □□인 예수님은 세상 만민이 기다리는 참된 □□□이십니다.

3. 성전을 떠나지 않은 안나

성구 37 과부가 되고 팔십사 세가 되었더라 이 사람이 □□을 떠나지 아니하고 □□로 금식하며 기도함으로 섬기더니 38 마침 이 때에 나아와서 하나님께 감사하고 예루살렘의 □□을 바라는 모든 사람에게 □에 대하여 말하니라

마리아가 아기를 데리고 성전을 방문했을 때, 또 한 사람과의 만남이 이루어졌습니다. 경건한 여선지자 안나는 예수님을 보고서 하나님께 감사하고, 자기처럼 예루살렘의 속량을 바라는 모든 사람들에게 구주의 나심을 전파했습니다.
사실 당시 성전은 타락의 온상이 되어 있었고, 성직자들은 성경을 가장 많이 왜곡시키는 주범이 되어 있었습니다. 그러나 안나와 같이 성전을 위해 기도하기를 쉬지 않는 경건한 자들의 섬김으로 말미암아, 예루살렘은 성전의 본체 되신 예수님께서 이 땅에 오실 때까지 그를 예표하는 사명을 감당할 수 있었던 것입니다. 지금도 안나처럼 교회의 머리 되신 예수님께서 다시 오실 때까지 교회를 위

해 쉬지 않고 기도하는 사람이 필요합니다.

요약 ____ 하기를 쉬지 않는 자들의 섬김을 통해 ____ 는 예수님의 재림 때까지 그 ____ 을 감당할 수 있습니다.

아자! 라이프

요약 모음

- 예수님께서 구유에 누이신 것은 아무리 가난한 사람도 그분을 영접할 수 있다는 확실한 표적입니다.
- 이방의 빛이요 자기 백성의 영광인 예수님은 세상 만민이 기다리는 참된 위로자이십니다.
- 기도하기를 쉬지 않는 자들의 섬김을 통해 교회는 예수님의 재림 때까지 그 사명을 감당할 수 있습니다.

나눔 오늘 내용을 통해서 새롭게 알게 되었거나 결심한 바가 있으면 나누어 봅시다.

오늘 공부한 내용을 기억하면서 주중에 누가복음 2장 전체를 읽어 봅시다.

짧은 묵상

심판은 악인이 많아서가 아니라 의인이 없어서 일어납니다.

성경은 겨자씨와 누룩이 만드는 기적의 이야기이며 두 세 사람의 의인이 만드는 역전의 역사입니다.

예수님의 길을 준비한 세례요한의 메시지

03

누가복음 3장

으쌰! 팀빌딩

성령님이 하시는 일

성령님은 성경 말씀을 읽고 묵상할 때, 예배를 드리고 설교를 들을 때, 공동체 식구들의 말과 행동을 통해서, 내게 일어나는 다양한 사건들과 상황들을 통해서, 하나님의 마음을 알게 해주시고, 죄를 깨닫고 싸울 수 있는 용기를 주시며, 하나님의 뜻을 이룰 수 있는 능력을 주시는 분이십니다.

1. 지금까지 자신이 성령님의 역사를 경험한 일이나 주변에서 일어난 성령님의 역사에 대해 보거나 들은 적이 있다면 나누어 주세요.

2. 지금 나의 삶에서 꼭 필요로 하는 성령님의 역사는 어떤 것인가요?

오늘 본문은 성령님께서 역사하시기 위한 준비와 성령님의 역사가 일으키는 일에 대한 가르침입니다.

먼저 누가복음 3장을 펴 놓으세요.

1. 주의 길을 준비하라

성구 4 선지자 이사야의 책에 쓴 바 광야에서 외치는 자의 소리가 있어 이르되 너희는
을 준비하라 그의 오실 길을 곧게 하라 5 모든 가 메워지고 모든
산과 작은 산이 낮아지고 이 곧아지고 이 평탄하여질 것이
요 6 모든 육체가 하나님의 을 보리라 함과 같으니라

예수님의 복음사역은 세례요한이 회개의 세례를 전파하는 것으로부터 본격적인 준비가 시작됩니다. 이것은 예수님을 받아들이기 위해 최우선 되어야 할 것이 회개임을 보여줍니다. 주의 길을 준비하는 회개란 구체적으로는 골짜기같이 음울한 마음을 메우고, 산과 같이 교만한 마음을 낮추고, 비뚤어진 마음을 곧게 하고, 거칠어진 마음을 평탄케 하는 것입니다. 이와 같은 마음이 준비된 사람은 예수님을 통한 하나님의 구원을 분명히 볼 수 있게 될 것입니다.

요약 예수님을 받아들이기 위해서는 한 마음을 메우고 한 마음을 낮추고 비뚤어진 마음을 하고 거칠어진 마음을 케 하는 회개가 최우선되어야 합니다.

2. 선행과 겸손을 가지라

성구 8 그러므로 회개에 를 맺고 속으로
이 우리 조상이라 말하지 말라 내가 너희에게 이르노니 하나님이 능히 이 로도 아
브라함의 이 되게 하시리라

세례 요한은 참된 회개가 동반해야 하는 두 가지 표시에 대해 알려주었습니다. 첫째는 회개에 합당한 열매를 맺는 것입니다. 여기서 말하는 합당한 열매란 구체적으로는 이웃에게 선을 행하고 해를 끼치지 않는 모습입니다. 둘째는 마음으로라도 영적 교만을 가지지 않는 것입니다. 이스라엘 백성들에게 아브라함의 자손이라는 사실이 자동으로 구원을 보장하는 공로가 될 수 없었던 것처럼, 우리 역시 예수를 믿는다는 사실이 당연히 구원을 주장할 수 있는 공로가 되어서는 안됩니다. 하나님은 돌들로도 아브라함의 자손을 만드실 수 있기 때문입니다. 이와 같은 외적인 선행과 내적인 겸손이 없는 사람은 하나님의 심판을 통과하지 못하고 찍혀 불에 던져질 것입니다.

요약 참된 □□에는 외적인 □□과 내적인 □□이 동반됩니다.

3. 성령과 불로 세례를 주시리라

성구 16 요한이 모든 사람에게 대답하여 이르되 나는 □로 너희에게 세례를 베풀거니와
나보다 능력이 많으신 이가 오시나니 나는 그의 신발끈을 풀기도 감당하지 못하겠노라 그는
□□과 □로 너희에게 □□를 베푸실 것이요

백성들은 세례 요한이 혹시 그가 그리스도가 아닌가 생각하게 되었습니다. 그의 말씀에는 권능이 있었고, 그의 사역의 결과로 많은 사람이 새롭게 되었기 때문입니다. 그러나 요한은 모든 사람 앞에서 자신이 그리스도의 신발 끈을 푸는 종에도 미치지 못한다고 단언했습니다. 왜냐하면 자신은 물로 세례를 주는 데 비해, 그리스도는 성령의 불로 세례를 주시는 일을 할 것이기 때문입니다. 물세례란 회개의 씻음을 의미합니다. 그러나 씻어도 얼마든지 다시 더러워질 수 있습니다. 하지만 성령의 불세례는 단순히 '물리적 변화'가 아니라 성질 자체를 완전히 바꾸는 '화학적 변화'를 일으키는 것입니다. 이 때문에 성경은 성령으로 거

듭난 사람을 새로운 피조물이라고 부릅니다.

요약 예수님은 ____ 의 불로 ____ 한 자를 ___ ___ 로 바꾸어 주십니다.

아자! 라이프

요약 모음

- 예수님을 받아들이기 위해서는 침울한 마음을 메우고 교만한 마음을 낮추고 비뚤어진 마음을 곧게 하고 거칠어진 마음을 평탄케 하는 회개가 최우선되어야 합니다.
- 참된 회개에는 외적인 선행과 내적인 겸손이 동반됩니다.
- 예수님은 성령의 불로 회개한 자를 새로운 피조물로 바꾸어 주십니다.

나눔 오늘 내용을 통해서 새롭게 알게 되었거나 결심한 바가 있으면 나누어 봅시다.

오늘 공부한 내용을 기억하면서 주중에 누가복음 3장 전체를 읽어 봅시다.

짧은 묵상

겸손이란 자기 비하가 아니라 자기 비움입니다.

진정한 자기 비움이란 자기를 덜 생각하고 하나님을 더 생각하는 것을 말합니다.

예수님의 복음사역의 시작

04

누가복음 4장

으쌰! 팀빌딩

바람이 하는 일

준비물 : 휴지 한 조각

1. 팀원 전부 혹은 숫자가 많으면 조를 나누어 한 줄로 서 주세요.

2. 조별로 휴지 한 장을 맨 앞 사람부터 입으로 불어서 다음 사람에게 넘겨주고, 맨 마지막 사람은 종착점 테이블 위에 준비한 큰 상자에 넣어야 해요.

3. 휴지를 바닥에 떨어뜨리면 처음 사람부터 다시 시작해요. 오직 '입'만 사용할 수 있으며 반드시 '불어서' 옮겨야 해요! 상자에 휴지 한 조각을 넣으면 임무 완수!

오늘 본문은 성령의 충만을 입은 예수님께서 물리친 시험과 선포한 사명에 대한 내용입니다.

먼저 누가복음 4장을 펴 놓으세요.

1 성령의 충만을 입고 광야로 가신 예수님

성구 1 예수께서 □□의 □□함을 입어 요단 강에서 돌아오사 광야에서 사십 일
동안 성령에게 이끌리시며 2 □□에게 □□을 받으시더라 이 모든 날에 아무 것
도 잡수시지 아니하시니 날 수가 다하매 주리신지라

예수님의 복음사역은 성령의 충만을 입는 것에서부터 시작되었습니다. 성령충만이란 나의 지정의가 아니라 하나님의 지식과 감정과 의지가 충만해지는 상태를 의미합니다. 예수님께 임한 성령님의 첫 사역은 시련의 광야로 나아가도록 이끄시는 것이었습니다. 성령님은 우리가 손쉬운 삶에 안주하는 대신에 진리를 위하여 용감히 위험에 뛰어들도록 격려하는 영이십니다. 그리고 하늘로부터의 도움은 바로 이와 같은 상황 속에 뛰어들 때 더욱 구체적으로 임하는 것입니다.

요약 □□□□은 손쉬운 삶이 아니라 □□를 위하여 용감히 □□에 뛰어드는 삶을 살게 해주는 것입니다.

2. 세 가지 시험을 물리치신 예수님

성구 4 예수께서 대답하시되 기록된 바 사람이 □으로만 살 것이 아니라 하였느니라 8
예수께서 대답하여 이르시되 기록된 바 □ 너의 하나님께 □□하고 다만 그를 섬기
라 하였느니라 12 예수께서 대답하여 이르시되 주 너의 하나님을 □□하지 말라 하였
느니라

첫 번째 시험은 돌로 떡을 만들라는 것이었습니다. 40일 금식을 마친 예수님은 무엇보다 절실히 음식을 필요로 하고 있었습니다. 그런 그에게 사탄은 물질이

인간에게 가장 중요한 문제임을 인정하라고 도전하는 것입니다. 하지만 예수님은 "사람이 떡으로만 살 것이 아니라"는 말씀을 인용함으로 마귀를 물리치셨습니다. 인간에게 가장 중요한 것은 결코 물질이 아닙니다.

두 번째 시험은 만일 자기에게 절하면 인류가 범죄함으로 쥐게 된 천하만국의 권세를 예수께 다 넘겨주겠다는 것이었습니다. 사탄에게 한 번만 절하면 십자가를 지지 않고도 세상을 되찾을 수 있다는 이 제안은 예수님께도 매력적인 것이었습니다. 하지만 예수님은 "주 너의 하나님께 경배하고 다만 그를 섬기라"는 말씀을 인용하심으로 마귀를 물리쳤습니다. 하나님을 경배하는 것은 자기의 야망을 이루기 위한 수단이 아니라 영원하고 유일한 목적입니다.

세 번째로 마귀는 "하나님은 자기를 의뢰하는 자의 발이 돌에 부딪히지 않게 하리라"는 성경을 인용하면서, 과연 그렇게 하시는지 점검하기 위해 성전에서 뛰어내려보라고 했습니다. 그러나 예수님은 이것이 말씀에 대한 불신을 조장하기 위한 시험임을 간파하고는 꾸짖어 추방하셨습니다. 이것은 또한 기적이라는 이벤트로 사람들에게 인기를 끌라는 제안을 물리친 것이기도 합니다.

요약 인간에게 가장 중요한 것은 □□이 아닙니다. 하나님을 □□하는 것은 영원하고 유일한 □□입니다. □□에 대한 불신을 조장하는 시험은 대적하여 물리쳐야 합니다.

3 예수님의 사명선언

성구 18 주의 성령이 내게 임하셨으니 이는 □□□ □에게 복음을 전하게 하시
려고 내게 기름을 부으시고 나를 보내사 □□ □ □에게 자유를, □□
□에게 다시 보게 함을 전파하며 □□ □를 자유롭게 하고 19 주의 □□
□□를 전파하게 하려 하심이라 하였더라

예수님은 부와 힘이 집중된 유대 땅을 떠나 가난한 변방 갈릴리에서 사역을 시

작하셨습니다. 예수님이 왜 그렇게 하셨는지는, 그가 갈릴리의 회당에서 읽으시고 이루어졌다고 선언하신 이사야의 예언을 통해서 잘 나타납니다. 성령의 충만을 받으신 예수님의 사명은 가난한 자에게 복음을 전하고, 포로된 자에게 자유를 주고, 눈먼 자를 다시 보게 하고, 눌린 자를 자유롭게 하며, 주의 은혜의 해를 전파하는 것이었기 때문입니다. 예수님은 오늘도 가난한 마음으로 자기에게 나오는 모든 사람에게 자유와 회복과 은혜를 주시는 분이십니다.

요약 ☐☐은 가난한 자에게 ☐☐와 회복과 ☐☐를 주는 것입니다.

아자! 라이프

요약 모음

- 성령충만은 손쉬운 삶이 아니라 진리를 위하여 용감히 위험에 뛰어드는 삶을 살게 해 주는 것입니다.
- 인간에게 가장 중요한 것은 물질이 아닙니다. 하나님을 경배하는 것은 영원하고 유일한 목적입니다. 말씀에 대한 불신을 조장하는 시험은 대적하여 물리쳐야 합니다.
- 복음은 가난한 자에게 자유와 회복과 은혜를 주는 것입니다.

나눔 오늘 내용을 통해서 새롭게 알게 되었거나 결심한 바가 있으면 나누어 봅시다.

오늘 공부한 내용을 기억하면서 주중에 누가복음 4장 전체를 읽어 봅시다.

짧은 묵상

하나님은 흙으로 만든 피조물들을 친히 낳은 자녀로 만드시기 위해서 성육신하셨습니다. 곧 그분은 옛 종류의 인간들을 개선하기 위해서가 아니라 새로운 종류의 인간을 탄생시키기 위해서 이 땅에 오신 것입니다. 이것은 비유하자면 말을 더 높이 뛸 수 있게 훈련시키는 것이 아니라 아예 날개 달린 말로 변화시키는 것입니다 _C.S.루이스

예수님의 긍휼을 체험한 사람들

05

누가복음 7장

으쌰! 팀빌딩

이게 너의 좋은 점이야!

1.선생님은 아래의 카테고리 단어카드를 준비해서 팀원들에게 먼저 하나씩 전체를 보여주세요.

A. 따뜻함 상냥함 친절함	E. 안정감 부드러움 겸손
B. 웃음 기쁨 유머	F. 건강 열정 활력
C. 협조적 공감 섬세함	G. 부지런함 성실함 민첩함
D. 창조적 재치 아이디어	H. 신중함 정직함 꼼꼼함

2. 선생님이 다시 단어카드 하나씩 보여줄 때 팀원들은 각 카드에 어울리는 사람이 누구인지 간단한 이유와 함께 발표해주세요.

3. 친구들이 발견해준 자신의 좋은 점을 듣고 난 후 느낀 점을 서로 나누어 보세요.

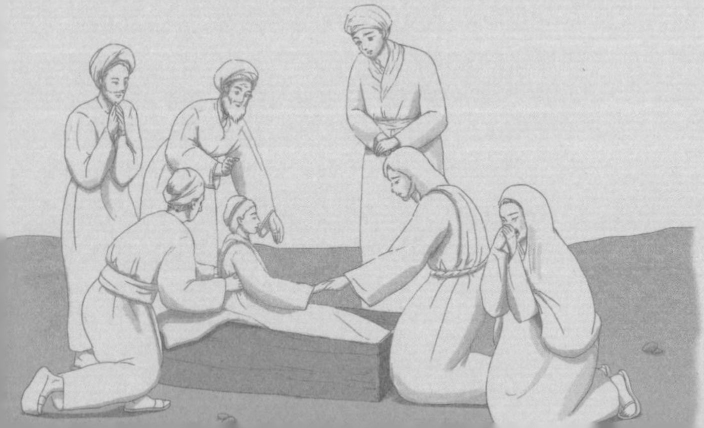

오늘 본문은 예수님께서 좋아하시고 긍휼히 여기시는 우리의 모습이 무엇인지를 알려주는 이야기입니다.

먼저 누가복음 7장을 펴 놓으세요.

1. 사랑과 믿음이 있는 자

성구 7 그러므로 내가 주께 나아가기도 감당하지 못할 줄을 알았나이다 □□ 만 하
사 내 하인을 낫게 하소서 8 나도 남의 수하에 든 사람이요 내 아래에도 병사가 있으니 이더
러 □□ 하면 가고 저더러 □□ 하면 오고 내 종더러 이것을 □□ 하면 하
나이다

예수님의 소문을 들은 한 백부장은 유대인 장로들을 보내어, 오셔서 병들어 죽게 된 자기 하인을 살려 달라는 부탁을 하였습니다. 하인을 도구 정도로 생각했던 시대에 점령국의 장교가 이처럼 간청한다는 것은 놀라운 사랑이 아닐 수 없습니다. 하지만 백부장은 곧 다시 벗들을 보내어, 자기 집에 예수님을 모시는 것이 너무 격에 맞지 않는 일이라고 고백하면서 오직 치유의 명령만 내려 달라고 부탁하고 있습니다. 그는 예수님이 만물을 통치하시는 주권자이심과 그분의 명령에 만물이 순종할 수밖에 없음을 깨닫고 있었던 것입니다. 예수님은 이 백부장의 믿음에 대해 "이스라엘 중에서도 이만한 믿음은 만나보지 못하였다"고 칭찬하셨습니다. 그리고 그의 믿음대로 종이 즉시 낫는 기적을 보여주셨습니다.

요약 약자를 향한 □□ 과 주권자를 향한 □□ 은 예수님의 긍휼을 이끌어 냅니다.

2. 유일한 소망이 끊어진 자

성구 12 성문에 가까이 이르실 때에 사람들이 한 죽은 자를 메고 나오니 이는 한 어머니의
□□ 요 그의 어머니는 □□ 라 그 성의 많은 사람도 그와 함께 나오거늘 13 주께서
과부를 보시고 불쌍히 여기사 울지 말라 하시고 14 가까이 가서 그 □ 에 □ 을 대시니 멘
자들이 서는지라 예수께서 이르시되 청년아 내가 네게 말하노니 일어나라 하시매

예수님은 한 과부의 외아들의 장례행렬을 만나게 되었습니다. 당시 사회에서 가장 약자였던 과부에게 유일한 소망인 외아들마저 죽었으니 주위의 사람도 안타까운 마음으로 장례행렬에 동참하고 있었습니다. 이 모습을 보신 예수님은 과부를 불쌍히 여기사 관에 손을 대셨습니다. 율법에 의하면 모든 죽음은 죄에 그 뿌리를 두고 있기 때문에, 관에 손을 대는 것은 부정한 일로 간주되었습니다. 그러나 예수님의 사랑은 이 율법을 뛰어 넘었고, 결국 죽었던 아들을 다시 살리사 그의 어머니에게 주셨습니다. 사실 예수님으로 하여금 이 땅에 내려와 십자가를 지게 한 가장 큰 동력은 이처럼 아무런 소망이 없는 인류를 향한 긍휼입니다.

예수님의 □□ 은 아무런 □□ 이 없는 자에게 참된 소망을 주십니다.

3. 자신의 죄인 됨을 아는 자

47 이러므로 내가 네게 말하노니 그의 □□ □가 사하여졌도다 이는 그의
□□□이 □□이라 □□을 받은 일이 적은 자는 □□ 사랑하느
니라

시몬이라는 한 바리새인은 예수님을 식사에 초대하면서도 손님에게 당연히 제공해야 할, 발 씻는 물도 준비하지 않았고, 영접의 입맞춤이나 머리에 감람유를 붓는 예의조차 갖추지 않았습니다. 그런데 그 동네에서 죄인으로 잘 알려진 한 여인은 눈물로 예수님의 발을 적시고, 머리털로 발을 닦으며, 향유를 발에 부었습니다. 그러자 시몬은 마음속으로 '그가 만일 선지자라면 저 여인이 죄인인 줄 알고 물리쳤을 텐데!'라고 판단했습니다. 이때 예수님은 시몬에게 "500일치 임금에 해당하는 돈과 50일치 임금에 해당하는 돈을 빚진 두 사람이 탕감을 받았다면 누가 더 고마운 마음을 가지겠느냐?"는 질문을 했습니다. 그리고 사죄의 감격을 크게 여기는 여인을 향해 "네 죄 사함을 받았느니라"라고 공개적으로 선

언하셨습니다. 우리는 모두 똑같이 자기 죄값을 감당할 수 없는 전적으로 타락한 죄인입니다. 그렇지만 사죄의 감격과 구주에 대한 사랑의 크기가 똑같지 않은 것은 자신의 죄인 됨에 대한 자각의 깊이가 다르기 때문입니다.

요약 자신의 죄인 됨에 대한 □□이 깊은 사람은 예수님을 더 많이 □□하고 확실한 □□의 축복을 누리게 됩니다.

아자! 라이프

요약 모음

- 약자를 향한 사랑과 주권자를 향한 믿음은 예수님의 긍휼을 이끌어 냅니다.
- 예수님의 긍휼은 아무런 소망이 없는 자에게 참된 소망을 주십니다.
- 자신의 죄인 됨에 대한 자각이 깊은 사람은 예수님을 더 많이 사랑하고 확실한 사죄의 축복을 누리게 됩니다.

나눔 오늘 내용을 통해서 새롭게 알게 되었거나 결심한 바가 있으면 나누어 봅시다.

오늘 공부한 내용을 기억하면서 주중에 누가복음 7장 전체를 읽어 봅시다.

짧은 묵상

하나님께서 작은 자를 기뻐하시는 이유는 자기가 작은 자인 줄 아는 사람만이, 하나님이 기뻐하시는 일, 곧 끝까지 겸손하게 축복의 통로가 되는 삶을 살아낼 수 있기 때문입니다.

예수님이 알려 주신 영생의 길

06

누가복음 10장

으쌰! 팀빌딩

내 친구를 사랑합니까?

지금 내 주변에 도움을 필요로 하는 친구가 있나요? 나는 그 친구에게 어떤 도움을 줄 수 있을까요? 기도하는 마음으로 한 번 살펴봅시다.

친구 이름	친구의 상황	내가 줄 수 있는 도움

오늘 본문은 어떤 대상에게 어떤 마음으로 사랑을 실천해야 하는지에 대한 예수님의 가르침입니다.

먼저 누가복음 10장을 펴 놓으세요.

1. 아는 것을 행하라

성구 25 어떤 율법교사가 일어나 예수를 시험하여 이르되 선생님 내가 무엇을 하여야 ___ ___ 을 얻으리이까 28 예수께서 이르시되 네 대답이 옳도다 이를 ___ ___ ___ 그러면 살리라하시니

한 율법교사가 예수님께 영생을 얻는 길에 대해 물었습니다. 영생이란 단지 수명이 무한히 연장되는 것이 아니라 참으로 살아있는 상태, 곧 영원한 사랑을 의미합니다. 이에 예수님은 율법에 무엇이라고 기록되었는지 되물었고, 율법교사는 '마음과 목숨과 힘을 다해 하나님을 사랑하고 이웃을 자기 자신처럼 사랑하는 것'이라고 대답했습니다. 그러자 예수님은 "이를 행하라 그러면 살리라"고 말씀하셨습니다. 곧 예수님은 율법을 몰라서가 아니라 율법대로 행하지 않는 것이 그 율법교사의 문제라고 지적하신 것입니다. 행함 없는 지식은 착각과 교만을 주지만 행함 있는 지식은 사랑과 겸손을 줍니다.

요약 ___ ___ 없는 ___ ___ 으로는 영생 곧 영원한 ___ ___ 에 이를 수 없습니다.

2. 사람에게 옳게 보이려 하지 말라

성구 29 그 사람이 자기를 ___ ___ 보이려고 예수께 여짜오되 그러면 내 ___ ___ 이 ___ ___ 니이까

예수님의 명료한 답변 앞에서 머쓱해진 율법교사는, 다시 한번 예수님께 "누가 내 이웃입니까?"하는 질문을 했습니다. 이것은 '이웃의 범위를 알아야지 사랑을

실천할 수 있지 않겠느냐!'는 의미로써, 은근히 자신의 옳음을 드러내려는 의도였습니다. 곧 그의 해박한 율법 지식은 사람들에게 옳게 보이는 데 목적이 있었지 자신이 옳게 살기 위한 것이 아니었던 것입니다.

예수님은 이렇게 경고하십니다. "너희는 사람 앞에서 스스로 옳다 하는 자들이나 너희 마음을 하나님께서 아시나니 사람 중에 높임을 받는 그것은 하나님 앞에 미움을 받는 것이니라"(눅 16:15)

요약 ☐☐의 목적은 ☐☐ 앞에서 자기를 옳게 보이기 위함이 아니라 ☐☐☐ 앞에서 옳게 살게 하기 위함입니다.

2. 도움을 필요로 하는 자를 도우라

성구 36 네 생각에는 이 세 사람 중에 ☐☐ 강도 만난 자의 ☐☐이 되겠느냐
37 이르되 ☐☐를 베푼 자니이다 예수께서 이르시되 가서 너도 이와 같이 하라하시니라

율법교사의 질문에 대해 예수님은 선한 사마리아인 비유로 대답하셨습니다. 어떤 유대인이 여리고로 내려가다가 강도를 만나 거의 죽게 되었습니다. 그런데 먼저 그를 발견한 제사장이나 레위인은 그냥 지나쳐 버렸습니다. 백성을 축복하고 율법을 교육하는 그들이 어려움에 처한 동족을 보고도 아무런 가책 없이 피해갈 수 있었던 이유는 그를 자기 이웃이 아니라고 생각했기 때문입니다. 당시 종교지도자들은 동족 중에서도 종교적으로 열심이 있고, 사회적으로 영향력이 있으며, 개인적으로 우호적인 소수의 사람만으로 이웃의 범위를 축소시켜 놓고 있었던 것입니다. 그러나 평소 유대인들로부터 사람 취급도 받지 못하던 사마리아인은 단지 불쌍히 여기는 마음 때문에 그 강도 만난 사람을 도왔습니다. 예수님은 마지막으로 "누가 이웃이 되겠느냐?"라고 질문하셨습니다. 이것은

"누가 내 이웃입니까?"라는 율법교사의 질문과 큰 차이가 있습니다. 나의 이웃은 지금 나의 도움을 필요로 하고, 내가 도울 수 있는 모든 사람입니다.

요약 나의 ____ ____ 은 지금 나의 ____ ____ 을 필요로 하고 내가 도울 수 있는 ____ ____ 사람입니다.

아자! 라이프

요약 모음

- 행함 없는 지식으로는 영생 곧 영원한 사랑에 이를 수 없습니다.
- 율법의 목적은 사람 앞에서 자기를 옳게 보이기 위함이 아니라 하나님 앞에서 옳게 살게 하기 위함입니다.
- 나의 이웃은 지금 나의 도움을 필요로 하고 내가 도울 수 있는 모든 사람입니다.

나눔 오늘 내용을 통해서 새롭게 알게 되었거나 결심한 바가 있으면 나누어 봅시다.

오늘 공부한 내용을 기억하면서 주중에 누가복음 10장 전체를 읽어 봅시다.

짧은 묵상

성도는 모든 사람에게 그들의 어떠함과 상관없이, 풍성한 사랑과 조건 없는 용서와 먼저 하는 섬김을 베풀어, 보복의 악순환의 고리를 끊고 축복의 선순환을 창조해내는 사람이 되어야 합니다.

예수님이 가르쳐 주신 기도

07

누가복음 11장

나의 기도생활 점검표

아래의 질문들은 자신의 기도생활을 돌아보기 위한 것입니다. 작성하고 서로 나누어주세요.

질 문	나의 기도생활
• 지난 주간 나의 기도 시간은?	
• 내가 기도할 때 주로 찾는 장소는?	
• 기도할 때 내가 취하는 기도 자세는 ?	
• 요즘 나의 가장 중요한 기도제목은 ?	

아하! 바이블

먼저 누가복음 11장을 펴 놓으세요.

1. 하나님을 위한 기도 두 가지

성구 2 예수께서 이르시되 너희는 기도할 때에 이렇게 하라 ____ 이름이 ___ 여김을 받으시오며 __ 가 임하시오며

첫째, '아버지의 이름의 거룩'을 위해서 기도할 때 기억해야 할 것은 십자가 사건입니다. '거룩'이란 사랑과 공의의 정점에만 존재하는 것으로 이것이 가장 잘 드러난 곳이 우리를 위해 자기의 아들을 희생시킨 십자가이기 때문입니다. 또한 우리는 삶에서 사랑과 공의가 넘쳐나도록 헌신해야 합니다. 이렇게 될 때 사람들은 하나님의 자녀인 우리를 통해 아버지의 거룩하심을 보게 될 것입니다.

둘째, '아버지의 나라'를 기도할 때 기억해야 할 것은 이미 우리 안에 하나님의 나라가 이루어졌다는 점입니다. 그리고 그것의 가장 큰 증거는 성령 안에서 누리고 있는 의와 평화와 기쁨입니다. 그러나 하나님 나라는 아직 임하지 않은 것이기도 합니다. 그것은 모든 삶의 영역과 모든 족속들에게 복음이 전파되고, 예수님께서 재림하시어 원수들을 멸하실 때 완성될 것이기 때문입니다. 그러므로 우리는 이미 우리 안에 임한 의와 평화와 기쁨을 충만히 체험하고, 아직 복음을 알지 못하는 모든 사람들에게 그것을 나누어주는 일에 헌신해야 합니다.

2. 사람을 위한 기도 세 가지

성구 3 __ 에게 날마다 ___ __ 을 주시옵고 4 우리가 우리에게 죄 지은 모든 사람을 __ 하오니 우리 죄도 사하여 주시옵고 우리를 __ 에 들게 하지 마시옵소서 하라

첫째, '일용할 양식'이란 매일을 살아가는데 꼭 필요한 모든 것을 포함합니다. 그리고 '우리에게'란 자신뿐 아니라 주위 사람들의 일용할 양식에도 관심을 가져야 함을 보여줍니다. 그러므로 이 기도를 드릴 때마다 우리는 하루를 살아가는데 필요한 모든 것을 허락하신 아버지께 감사를 드려야 하며, 지금도 영육 간에 굶주리는 주위의 이웃들을 위한 헌신을 다짐해야 합니다.

둘째, '용서를 구하는 기도'에서 기억해야 할 것은 하나님의 용서는 결코 조건부가 아니라는 점입니다. 그럼에도 불구하고 우리가 먼저 다른 사람의 죄를 용서했는지 점검해야만 하는 이유는 우리가 용서하지 않는다면, 하나님께서 우리에게 주신 용서의 법적인 효력은 여전히 유효하지만, 용서에 동반되는 실제적인 자유와 기쁨과 능력은 결코 누릴 수 없기 때문입니다. 그러므로 우리는 이 기도를 드릴 때마다 무조건적이고 완전한 용서를 주신 좋으신 아버지께 감사드려야 하며, 어리석게 이웃을 용서하지 못함으로 하늘 문을 닫아 아버지께서 이미 주신 용서의 효력을 누리지 못하는 일이 없도록 자신을 살펴야 합니다.

셋째, '시험에 들지 않기를 구하는 기도'의 핵심은 자기의 마음을 탐욕으로부터 지키는 것입니다. 시험에 드는 것은 하나님께서 시험하시기 때문이 아니라 우리가 스스로 탐욕에 이끌려 유혹에 넘어지는 것이기 때문입니다. 사실 우리의 마음이 탐욕에 빠진다면 하나님이 주신 그 모든 선한 것을 악한 것으로 변질시켜 버리게 됩니다. 그러므로 이 기도를 드릴 때마다 결코 우리를 시험하지 않으시고 항상 선한 것을 주시는 하나님께 감사하며, 우리 마음에 탐욕이 생겨 하나님께 받은 선한 것들을 악한 것으로 변질시키지 않는 일에 헌신해야 합니다.

3. 기도의 자세와 확신

성구 8 내가 너희에게 말하노니 비록 ＿＿ ＿＿으로 인하여서는 일어나서 주지 아니할지라도 그 ＿＿ ＿＿ ＿＿을 인하여 일어나 그 요구대로 주리라 예수님은 기도자에게 간청하는 자세가 얼마나 중요한지를 알려주기 위해, 자기에게 온 나그네를 대접하는데 필요한 떡을 얻기 위해 한밤 중에 부자친구의 문을 두드리는 사람의 비유를 들고 있습니다. 이 경우 부자 친구는 벗 됨을 인해서가 아니라 가족의 편안한 잠을 방해받지 않기 위해서라도 그 요구대로 줄 것입니다. 물론 이것은 하나님을 귀찮게 해서라도 응답을 받아내라는 가르침이 아닙니다. 하나님은 우리의 필요를 미리 아시며, 또 채워주시는 좋으신 아버지이시기 때문입니다. 이 비유의 주제는 도움을 필요로 하는 영혼을 위해 중보할 때는 마치 자기 일인 것처럼 간청하는 사랑이 있어야 한다는 것입니다.

아자! 라이프

기도문

- 아버지여, 십자가에서 밝히 드러내신 당신이 거룩이 저의 사랑과 공의를 통하여 모든 사람들에게 높임받기를 원하오며, 이미 내 안에 임한 의와 평화와 기쁨의 하나님 나라를 충만히 체험하고 아직 복음을 알지 못하는 모든 사람들에게 이루어지는 일에 저를 도구로 헌신합니다.
- 오늘도 하루를 살아가는데 필요한 모든 것을 허락하신 아버지여, 지금도 아버지를 떠나 영육 간에 굶주리는 많은 사람들에게 일용할 양식을 나누어주는 일에 저를 헌신하기를 다짐하오며, 어리석게 이웃을 용서하지 못함으로 하늘 문을 닫아 아버지께서 이미 주신 용서의 효력을 누리지 못하는 일이 없도록 지켜 주시고, 제 마음을 탐욕으로부터 지켜서 하나님께서 주신 모든 선한 것들을 악한 것으로 변질시키지 않게 하옵소서.

나눔 위의 기도문을 읽고 그 내용으로 함께 기도하고 한 주간 내내 묵상합시다.

짧은 묵상

모든 종교에는 기도가 있지만 타종교에서의 기도는 자기와의 대화나 자기성찰이나 자기 에너지의 발현 등에 지나지 않습니다. 그러나 기독교의 기도는 우리의 기도소리를 들으시고, 기도를 통해 우리에게 말씀하시며, 기도로 인해 경이로운 방법으로 개입하시는 하나님과의 살아있는 대화입니다.

예수님을 따르는 제자의 삶

08

누가복음 12장

으쌰! 팀빌딩

제자의 더하기 빼기

1.아래의 표에서 제자로서 내가 더할 것 3가지와 뺄 것 3가지를 체크해서 나누어 봅시다.

+	-
매일 규칙적으로 기도하기	하루에 1시간 이상 게임하지 않기
매일 말씀 묵상하고 실천하기	대화 중 욕설, 비속어를 쓰지 않기
매일 가족에게 사랑과 감사 표현하기	가족, 친구들과 말다툼 하지 않기
매일 불편한 관계에 대해 용서하기	하루에 1시간 이상 카톡하지 않기
주일 예배 정성껏 드리기	쇼핑, 군것질에 과한 욕심 부리지 않기
자기 방청소와 자기 물건 정리정돈	주위 사람들의 험담하지 않기
기타 ( )	기타 ( )

오늘 본문은 제자의 마음에서 없애야 할 것과 갖추어야 할 것에 대해 예수님이 주신 가르침입니다.

먼저 누가복음 12장을 펴 놓으세요.

1. 탐심을 물리치라

성구 20 하나님은 이르시되 어리석은 자여 오늘 밤에 네 □□ 을 도로 찾으리니 그러면
네 준비한 것이 누구의 것이 되겠느냐 하셨으니 21 □□ 를 위하여 □□ 을 쌓아 두
고 □□□ 께 대하여 □□ 하지 못한 자가 이와 같으니라

어떤 부자에게 풍년이 들자 고민이 생겼습니다. 곡식을 쌓아 둘 창고가 이미 다 찼기 때문입니다. 이에 그는 곳간을 헐고 더 크게 지어 거기에 모든 곡식과 물건을 쌓아 둘 계획을 세웠고, 그 상상만으로도 너무 즐거워졌습니다. 그러나 하나님은 이 행복한 착각에 빠진 부자에게 "오늘 밤에 네 영혼을 도로 찾으면 네 준비한 것이 누구의 것이 되겠느냐?"라고 물으셨습니다. 하나님은 우리가 생명을 부여받은 매일 매일 행복을 누리기 원하십니다. 그리고 그 방법은 하나님이 주신 것으로 하나님과 이웃을 향해 부요한 사람이 되는 것입니다. 그런데 탐심은 다스림과 나눔의 대상이 되어야 할 재물을 숭배와 집착의 대상으로 변질시키고, 이런 사람은 아무리 많이 가져도 결코 누릴 수 없게 됩니다.

요약 예수님은 우리가 □□ 하나님이 주신 것으로 하나님과 이웃을 향해 □□ 한 사람이 됨으로 □□ 을 누리기 원하십니다.

2. 깨어 기다리라

성구 36 너희는 마치 그 □□ 이 혼인 집에서 돌아와 문을 두드리면 곧 열어 주려고
□□□□ □□ 과 같이 되라 37 주인이 와서 깨어 있는 것을 보면 그 종들은
복이 있으리로다 내가 진실로 너희에게 이르노니 주인이 □ 를 띠고 그 종들을 자리에 앉히
고 나아와 □□ 들리라

예수님은 신자의 삶이 하나님 나라를 기다리는데 집중해야 함을 가르치기 위해 혼인잔치 비유를 들고 있습니다. 유대의 혼인 잔치는 신랑이 신부 집에 가서 행하는 약혼식과 그 후 신랑이 신부를 자기 집에 데려와서 행하는 결혼식 순서로 진행됩니다. 그런데 신랑이 집으로 되돌아오는 시간은 몇 시가 될지 알 수가 없습니다. 하지만 종들은 기쁨과 설렘 가운데 주인의 결혼식을 위해 깨어 준비하고 있을 것입니다. 예수님은 이런 종들의 자세로 어린양의 혼인잔치를 기다리는 자들에게는 복이 있을 것이라고 말씀하셨습니다. 왜냐하면 예수님은 이런 자들을 직접 잔칫상에 앉히고 존귀하게 해주실 것이기 때문입니다.

요약 예수님은 어린양의 □□□□를 깨어 기다리는 종들을 □□하게 만들어 주십니다.

3. 지혜롭고 진실한 청지기가 되라

성구 42 주께서 이르시되 지혜 있고 진실한 □□□가 되어 주인에게 그 집 종들을
맡아 □를 따라 □□을 나누어 줄 자가 누구냐 43 주인이 이를 때에 그 종이 그렇게
하는 것을 보면 그 종은 □이 있으리로다 44 내가 참으로 너희에게 이르노니 주인이 그
□□ □□를 그에게 맡기리라

예수님은 심판의 그날을 가장 복되게 맞을 수 있는 비결을 알려 주시기 위해 청지기 비유를 들고 있습니다. '청지기'란 멀리 있는 주인이 자기의 재산과 종들을 다 맡겨둔 관리자를 말합니다. 지혜롭고 진실한 청지기는 '주인의식'을 가지고 그 집의 모든 일에 리더쉽을 행사하면서도, '종의 자세'를 가지고 종들의 매끼 식사를 챙기는 자입니다. 그런데 주인이 더디 올 것이라는 생각 때문에 노예근성을 가지고 주인의 재산을 마구 허비하면서도, 주인행세를 하면서 동료 종들을 괴롭히는 악한 청지기들도 있습니다. 그러나 예수님은 생각하지 않은 날, 알지

못하는 시각에 임하셔서 지혜롭고 진실한 청지기에게는 모든 소유를 맡길 것이지만, 악한 청지기는 신실하지 아니한 자의 벌을 받게 하실 것입니다.

요약 예수님은 주인 ___ 과 종의 ___ 를 가진 ___ 에게는 당신의 모든 소유를 맡기십니다.

아자! 라이프

요약 모음

- 예수님은 우리가 매일 하나님이 주신 것으로 하나님과 이웃을 향해 부요한 사람이 됨으로 행복을 누리기 원하십니다.
- 예수님은 어린양의 혼인잔치를 깨어 기다리는 종들을 존귀하게 만들어 주십니다.
- 예수님은 주인의식과 종의 자세를 가진 청지기에게는 당신의 모든 소유를 맡기십니다.

나눔 오늘 내용을 통해서 새롭게 알게 되었거나 결심한 바가 있으면 나누어 봅시다.

오늘 공부한 내용을 기억하면서 주중에 누가복음 12장 전체를 읽어 봅시다.

짧은 묵상

사탄은 진리 앞에서 지체하는 자를 쓰러뜨릴 수 있는 수만 가지의 간교한 계획을 가지고 있습니다. 빛을 받으면서도 즉시 행하지 않는 자는 반드시 어두움에게 역습의 틈을 주게 됩니다.

잔치 자리에서 주신 예수님의 교훈

09

누가복음 14장

으쌰! 팀빌딩

힘들어 하는 친구 품기

1. 나의 주변에 학교에 적응하기 힘들어하는 친구들이 있나요? 그 이유는 무엇인가요?

2. 내가 이들 친구들을 돕기 위해 할 수 있는 일은 무엇이 있을까요?

오늘 본문은 우리가 어떤 태도로 어떤 사람들을 섬길 때 잔치 같은 삶을 살 수 있는지에 대한 예수님의 가르침입니다.

먼저 누가복음 14장을 펴 놓으세요.

1. 끝자리에 앉으라

성구 10 청함을 받았을 때에 차라리 가서 □□□ 에 앉으라 그러면 너를 청한 자가
와서 너더러 벗이여 올라 앉으라 하리니 그 때에야 함께 앉은 모든 사람 앞에서 □□ 이
있으리라 11 무릇 자기를 높이는 자는 낮아지고 자기를 □□□ □ 는 높아지리라

한 바리새인 지도자가 예수님을 잔치에 초대했습니다. 이런 자리는 일상적인 삶에서는 잘 알 수 없던 인격과 가치관을 드러내줍니다. 잔치자리에서 예수님이 베푸신 첫 번째 교훈은 높은 자리에 앉지 말고 차라리 끝자리에 앉으라는 것입니다. 이것은 어떻게든지 자기를 높이어 사람들에게 영광을 얻으려는 바리새인들의 욕망을 교정해주시기 위함입니다. 예수님은 "무릇 자기를 높이는 자는 낮아지고 자기를 낮추는 자는 높아지리라"라는 말씀으로 이 교훈을 마무리하셨습니다. 하나님께서 주시는 참된 영광은 자기를 낮추는 자에게 있습니다.

요약 참된 □□ 은 스스로를 높이어 □□ 들에게서 얻는 것이 아니라 자기를 낮추어 □□□ 께 얻는 것입니다.

2. 갚을 것이 없는 자를 청하라

성구 13 □□ 를 베풀거든 차라리 □□□ □ 들과 몸 불편한 자들과 저는
자들과 맹인들을 청하라 14 그리하면 그들이 □□ □ 이 없으므로 네게 복이 되리니
이는 의인들의 부활시에 네가 □□ 을 받겠음이라 하시더라

바리새인들은 보통 그들의 잔치에 사회적 지위나 경제적 부나 종교적 명망을 가진 사람들만 청했습니다. 이들은 잔치를 자신들의 기득권을 확인하고 서로 이익을 주고받는 장으로 활용하고 있었던 것입니다. 하지만 예수님은 '가난한 자들', '몸 불편한 자들', '저는 자들', '맹인들'을 청하라고 하셨습니다. 왜냐하면 저들은 땅에서 갚을 것이 없는 사람들이므로 하나님께서 부활의 날에 직접 갚아주실 것이기 때문입니다. 사실 하나님께 갚음 받을 것을 쌓아두는 사람이야말로 진정으로 복된 사람입니다.

요약 □□ □이 없는 사람을 섬기는 자는 □□□께서 부활의 날에 직접 □□ 주십니다.

3. 천국의 잔치를 사모하라

성구 23 주인이 종에게 이르되 길과 산울타리 가로 나가서 사람을 □□하여 데려다가
□ □을 채우라 24 내가 너희에게 말하노니 □□ 청하였던 그 사람들은 하나도
□ □□를 맛보지 못하리라 하였다 하시니라

진정한 잔치는 천국에서 벌어지는 말씀의 잔치입니다. 그런데 많은 신자들은 천국의 초청이나 말씀의 잔치에 대해서는 관심이 거의 없습니다. 이 사실을 지적하려고 예수님은 미리 청함 받은 모든 사람들이 참석하기를 거절한 하나님의 큰 잔치 비유를 들고 있습니다. 그들에게는 부동산, 직장, 결혼 등 세상적인 관심이 그 잔치보다 훨씬 더 중요했던 것입니다. 이에 하나님은 심히 노하시며 길과 산울타리 가로 나가서 강권하여 자기 집을 채우라고 명령했습니다. 이것은 구원과 상관없다고 여겨지던 이방인들은 천국잔치에 참여하게 될 것이지만, 정작 아브라함의 자손이라고 과시하던 바리새인들은 참여할 수 없음을 경고하는 말입니다. 천국의 문은 활짝 열려 있습니다. 그러나 세상의 즐거움을 말씀의 잔치

보다 원하는 자들을 그곳에 들어가게 할 방법은 아무 것도 없습니다.

요약 ____ ____ 의 문은 ____ ____ 의 잔치를 ____ ____ 의 즐거움보다 더 원하는 자들에게 활짝 열려있습니다.

아자! 라이프

요약 모음

- 참된 영광은 스스로를 높이어 사람들에게서 얻는 것이 아니라 자기를 낮추어 하나님께 얻는 것입니다.
- 갚을 것이 없는 사람을 섬기는 자는 하나님께서 부활의 날에 직접 갚아주십니다.
- 천국의 문은 말씀의 잔치를 세상의 즐거움보다 더 원하는 자들에게 활짝 열려있습니다.

나눔 오늘 내용을 통해서 새롭게 알게 되었거나 결심한 바가 있으면 나누어 봅시다.

오늘 공부한 내용을 기억하면서 주중에 누가복음 14장 전체를 읽어 봅시다.

짧은 묵상

인간의 마음에는 허영심이 깊이 뿌리박고 있다. 허영심이 나쁘다는 글을 쓰는 사람도 잘 썼다는 평판을 얻으려고 애쓰고, 그 글을 읽는 사람도 수준 높은 책을 읽었다는 영예를 얻으려고 한다.

_블레즈 파스칼

예수님이 알려주신 하나님의 마음

10

누가복음 15장

내가 실수 할 때

1. 최근에 내가 무언가 잘못이나 실수한 일이 있었나요? 그것은 어떤 일이었나요?

2. 그때 나는 부모님이나 친구나 선생님 등으로부터 어떤 말을 들었나요? 그리고 그때 내가 듣고 싶었던 말은 무엇이었나요?

내가 들었던 말	내가 듣고 싶었던 말

오늘 본문은 죄와 실수를 저지르는 우리를 향한 하나님 아버지의 마음을 잘 보여주는 세 가지 이야기입니다.

먼저 누가복음 15장을 펴 놓으세요.

1. 잃어버린 양과 목자의 마음

성구 4 너희 중에 어떤 사람이 양 백 마리가 있는데 그 중의 __ __ 를 잃으면 __ __
__ __ 마리를 들에 두고 그 잃은 것을 찾아내기까지 찾아다니지 아니하겠느냐
7 내가 너희에게 이르노니 이와 같이 __ __ 한 사람이 __ __ 하면 하늘에서는 회개
할 것 없는 __ __ 아흔아홉으로 말미암아 기뻐하는 것보다 더하리라

예수님이 자기에게 오는 모든 세리와 죄인들을 영접하고 음식까지 같이 먹자, 바리새인과 서기관들은 흉을 보면서 수군거렸습니다. 이에 예수님은 하나님의 마음을 그들에게 알려주시기 위해 몇 가지 비유를 들려주셨습니다.

첫 번째는 잃어버린 양과 목자 비유입니다. 산술적으로 생각하면 잃은 양 한 마리를 찾으려고 99마리를 들에 두는 것은 이치에 맞지 않습니다. 또 논리적으로는 속 썩였던 양에게 분풀이를 해야지, 어깨에 메고 집에 와서 잔치까지 벌이는 것은 이해할 수 없습니다. 하지만 긍휼의 마음은 수리나 논리를 초월하는 것입니다. 그리고 바로 이 같은 긍휼로 죄인 하나가 회개할 때 의인 아흔아홉으로 기뻐하는 것보다 더 기뻐하시는 것이 아버지 하나님의 마음입니다.

요약 하나님께서 죄인 한 사람의 __ __ 를 그렇게 기뻐하시는 이유는 수리와 논리를 초월하는 __ __ 의 마음 때문입니다.

2. 잃어버린 드라크마와 신부의 마음

성구 8 어떤 여자가 __ 드라크마가 있는데 __ __ 를 잃으면 등불을 켜고 집을 쓸며
찾아내기까지 부지런히 찾지 아니하겠느냐 9 또 찾아낸즉 벗과 이웃을 불러 모으고 말하되
나와 함께 __ __ __ 잃은 드라크마를 찾아내었노라 하리라

한 드라크마는 노동자 하루 품삯에 해당하는 크지 않은 금액입니다. 그러나 유대 여인에게 있어서 열 드라크마는 남자가 주는 청혼선물로, 이 열 닢을 줄에 꿰어 머리를 장식하는데 사용하는 것이었습니다. 사실 경제적인 손익을 계산한다면 벗과 이웃을 초청하여 잔치를 베푸는 데 드는 경비가, 잃었던 한 드라크마보다 더 클 것입니다. 그러나 여인에게 있어서 다시 찾은 한 드라크마는 돈으로 계산할 수 없는 귀중한 것이기에 기뻐할 수밖에 없었던 것입니다. 잃어버린 한 명 한 명의 영혼은 하나님께 있어서 결혼반지처럼 소중한 존재입니다.

요약 하나님께 있어서 잃었다가 되찾은 한 영혼은 처럼 소중한 존재입니다.

3. 탕자의 형과 아버지의 마음

성구 31 아버지가 이르되 얘 너는 나와 있으니 내 것이 다 네 것이로
되 32 이 네 동생은 죽었다가 살아났으며 내가 얻었기로 우리가 즐거워
하고 기뻐하는 것이 하니라

세 번째는 잘 알려진 탕자비유입니다. 그런데 맏아들은 돌아온 동생을 위해 아버지가 잔치를 베풀었음을 알고는 화가 나서 집에 들어가지도 않으려 했습니다. 자기를 위해서는 염소 새끼 잔치도 벌여준 적이 없으면서, 아버지의 재산을 부정한 곳에 탕진한 동생을 위해서는 어떻게 살진 송아지를 잡을 수 있느냐는 항의였습니다. 그러자 아버지는 "얘 너는 항상 나와 함께 있으니 내 것이 다 네 것이 아니냐?"라고 물었습니다. 사실 좋으신 아버지와 항상 함께 있는 아들보다 행복한 사람은 아무도 없습니다. 이 비유에 나오는 맏아들은 하나님의 사랑을 깨닫지 못하므로 전혀 행복하지 못한 신앙생활을 하고, 다른 사람을 긍휼히 여기지 못함으로 정죄하는 바리새인들의 모습을 잘 보여줍니다.

하나님은 우리가 당신의 ____ 을 깨달음으로 행복해지고 그로 인해 ____ 의 마음으로 다른 사람을 품을 수 있기를 원하십니다.

아자! 라이프

요약 모음

- 하나님께서 죄인 한 사람의 회개를 그렇게 기뻐하시는 이유는 수리와 논리를 초월하는 긍휼의 마음 때문입니다.
- 하나님께 있어서 잃었다가 되찾은 한 영혼은 결혼반지처럼 소중한 존재입니다.
- 하나님은 우리가 당신의 사랑을 깨달음으로 행복해지고 그로 인해 긍휼의 마음으로 다른 사람을 품을 수 있기를 원하십니다.

오늘 내용을 통해서 새롭게 알게 되었거나 결심한 바가 있으면 나누어 봅시다.

오늘 공부한 내용을 기억하면서 주중에 누가복음 15장 전체를 읽어 봅시다.

짧은 묵상

사랑이 없이 진리를 선포하는 것은 악취가 나는 입으로 입맞춤하려는 것과 같습니다. 마음에 미움을 가득 품고 불신과 죄의 결과가 지옥이라고 말하는 것은 복음전도가 아니라 테러입니다.

돈에 대한 예수님의 가르침

11

누가복음 16장

으쌰! 팀빌딩

오천원의 행복

내가 2시간의 제한시간 안에 5,000원의 제한된 돈으로 이웃을 행복하게 해줄 수 있는 일이 무엇인지 생각해 봅시다.

누구에게	무엇을

팀원들의 발표를 들으면서 이웃을 행복하게 할 수 있는 일들 best 5를 뽑아봅시다.

오늘 본문은 돈을 어디에 사용하는 것이 가장 가치 있는 것인지에 대한 예수님의 가르침입니다.

먼저 누가복음 16장을 펴 놓으세요.

1. 없어질 돈으로 영혼을 얻으라

성구 8 주인이 이 옳지 않은 청지기가 일을 지혜 있게 하였으므로 칭찬하였으니
의 아들들이 자기 시대에 있어서는 의 아들들보다 더 이니라
9 내가 너희에게 말하노니 불의의 로 를 사귀라 그리하면 그 재물이 없
어질 때에 그들이 너희를 영주할 처소로 영접하리라

본 장에는 옳지 않은 행동에도 불구하고 주인에게 영리하다고 인정받은 한 사람이 나오고 있습니다. 그는 주인의 소유를 낭비하는 게으르고 불성실한 청지기였습니다. 하지만 이로 인해 해고의 통보를 받게 되자 노동할 힘도, 구걸할 자신도 없는 현실을 직시하고 대책을 세웠습니다. 그것은 실직 이후에 도움을 얻기 위해, 주인에게 빚진 자들의 빚을 실제보다 작게 고쳐주는 방법이었습니다. 이 비유를 통해 예수님은 이 세대의 아들들도 미래를 대비하는 데 머리를 쓴다면 하물며 빛의 아들들은 더 지혜로워야 함을 교훈하고 있습니다. 그 방법은 덧없이 없어질 재물로 친구를 사귀는 것입니다. 이 땅에서 천국을 준비하는 신자는 사람을 얻고 살리는데 재물을 사용하는 지혜를 가져야만 합니다.

요약 없어질 재물은 을 얻고 살리는데 사용하는 것이 최고의 입니다.

2. 돈을 지극히 작은 것으로 여기라

성구 10 지극히 에 충성된 자는 큰 것에도 되고 지극히

에 불의한 자는 큰 것에도 하니라 11 너희가 만일 불의한 에
도 충성하지 아니하면 누가 으로 너희에게 맡기겠느냐

예수님은 덧없이 없어질 재물이 우리에게 잠시 맡겨진 것들 중에서 지극히 작은 것이라고 말씀하고 있습니다. 올바른 청지기는 이와 같은 예수님의 관점으로 재물을 대할 수 있어야만 합니다. 그리고 그럴 때에만 재물은 집착과 숭배의 대상이 아니라 하나님과 사람을 섬기는 수단으로써 선용될 수 있습니다. 하나님은 이렇게 재물을 대할 수 있는 사람에게는 '참된 것' 곧 영원토록 가치 있는 '영혼들'을 맡겨 주십니다.

하나님은 재물을 지극히 으로 여기고 충성되게 하는 자에게 참된 것 곧 들을 맡겨주십니다.

3. 공의로운 심판을 기억하라

25 아브라함이 이르되 얘 너는 살았을 때에 을 받았고 나사로는
을 받았으니 이것을 기억하라 이제 그는 여기서 를 받고 너는
을 받느니라

예수님은 부자와 나사로 비유를 통해서 다시 한번 이 땅에서 재물을 어떻게 써야 하는지를 알려주셨습니다. 이 땅에서 부자는 비싼 옷을 입고 날마다 잔치를 벌일 정도로 호화롭고 쾌락적이었습니다. 반면에 나사로는 심하게 병든 채 부자의 집 앞에서 죽어가는 거지였습니다. 그러나 죽음과 심판을 거치면서 부자는 괴로움을 받는 음부에 갔고 나사로는 아브라함의 품에 안겨 위로를 받게 되었습니다. 이에 불꽃 가운데서 절규하던 부자는 나사로를 통해 손가락 끝에 물 한 방울만 보내 달라고 아브라함에게 하소연했지만 거절당했습니다. 그는 재

물을 자기 자신과 이 세상의 쾌락만을 위해 사용하고 영원한 나라에 대한 준비나 영혼을 살리는 일에 대한 헌신은 조금도 하지 않았기 때문입니다.

요약 재물을 영원한 나라를 위한 □□ 나 영혼을 살리는 일을 위한 □□ 에 사용하지 않는 사람은 영원한 □□□ 을 받습니다.

아자! 라이프

요약 모음

- 덧없이 없어질 재물은 사람을 얻고 살리는데 사용하는 것이 최고의 지혜입니다.
- 하나님은 재물을 지극히 작은 것으로 여기고 충성되게 선용하는 자에게 참된 것 곧 영혼들을 맡겨주십니다.
- 재물을 영원한 나라를 위한 준비나 영혼을 살리는 일을 위한 헌신에 사용하지 않는 사람은 영원한 괴로움을 받습니다.

나눔 오늘 내용을 통해서 새롭게 알게 되었거나 결심한 바가 있으면 나누어 봅시다.

오늘 공부한 내용을 기억하면서 주중에 누가복음 16장 전체를 읽어 봅시다.

짧은 묵상

성경은 하나님이 세상이라는 파도에 빠진 우리를 구조하기 위해 던지신 생명줄이요 구명튜브입니다. 하지만 많은 신자들이 성경을 믿는다고 하면서도, 실제 삶에서는 자기 상식이나 성공한 사람들의 말이나 미디어에서 제시하는 요즘의 추세 등을 더 붙잡음으로 세속의 물결 속에 익사하고 있습니다.

예수님과 함께 다스릴 준비

12

누가복음 19장

으쌰! 팀빌딩

내가 좋아하고 잘하는 것으로 이웃 섬기기

1. 내가 좋아하는 것과 잘하는 것을 생각나는 대로 써주세요

- 좋아하는 것 :
- 잘하는 것 :

2. 내가 좋아하는 것과 잘하는 것을 가지고 어렵지 않게 섬길 수 있는 작은 일이 무엇인지 찾아보고 한 주간 실천해 봅시다.

장소	내가 어렵지 않게 섬길 수 있는 작은 일
가정	
학교	
교회	

오늘 본문은 내게 주어진 작은 것으로 주위 사람들을 섬기는 것이 얼마나 중요한지에 대한 예수님의 이야기입니다.

먼저 누가복음 19장을 펴 놓으세요.

1. 한 므나로 장사하라

성구 14 그런데 그 백성이 그를 ___ ___ 하여 사자를 뒤로 보내어 이르되 우리는 이 사람이 우리의 ___ ___ 을 원하지 아니하나이다 하였더라

어떤 귀인이 왕위를 받아 오기 위해 먼 나라로 가게 되자 종들 중 믿음직한 열 명을 불러 은화 한 므나씩을 맡기며, 자신이 돌아올 때까지 장사하라고 명령했습니다. 한 므나는 대략 노동자의 3-4달 급여에 해당하는 크지 않은 돈입니다. 이렇게 적은 자본으로 백성 가운데서 장사를 하게 한 이유는, 스스로 왕이 되려는 다른 야심가가 귀인에 대해 심어준 왜곡된 이미지로 인해, 그의 왕 됨을 원치 않는 백성들이 있었기 때문입니다. 곧 그는 종들로 하여금, 백성들과 접촉하는 장사를 통해 그들의 주인이 얼마나 선한 분인지를 보여주려 했던 것입니다. 이런 의미에서 볼 때 우리의 일상의 삶은 예수님께서 맡겨주신 한 므나입니다.

요약 나의 ___ ___ 의 삶은 세상 사람들에게 ___ 으로 재림하실 예수님이 얼마나 선한 분인지를 보여 주기위해 맡겨주신 ___ ___ ___ 입니다.

2. 고을 권세를 차지하라

성구 16 그 첫째가 나아와 이르되 주인이여 당신의 한 므나로 ___ ___ ___ 를 남겼나이
다 17 주인이 이르되 잘하였다 착한 종이여 네가 지극히 작은 것에 충성하였으니 ___ ___
___ 권세를 차지하라 하고

왕이 되어 돌아온 주인 앞에서 첫 번째 종은 한 므나로 열 므나를 남기게 되었

다고 보고했고, 둘째도 다섯 므나를 남겼다고 보고했습니다. 그 종들은 주인의 의도대로 성심을 다해 백성의 마음을 산 것이 틀림없고, 주인에게 있는 다른 많은 종들의 마음을 산 것도 분명합니다. 그렇게 적은 자본으로 이렇게 많은 성과를 내는 것은 여러 사람의 마음을 사지 않고는 불가능한 일이기 때문입니다. 그러자 왕이 된 주인은 그들에게 남긴 므나만큼의 고을을 다스릴 수 있는 통치권을 주었습니다. 여기서 우리는 주인이 종들에게 한 므나씩을 맡긴 또 다른 이유를 발견하게 됩니다. 그것은 자신이 통치할 때 함께 다스릴 자들을 준비시키기 위함이었던 것입니다. 사실 예수님은 이미 왕으로서 재림하실 준비가 끝났고 아직 덜 준비된 것은 그의 동역자로서 그분과 함께 다스릴 우리입니다.

요약 주인의 의도대로 사람들의 □□을 살 수 있는 종들은 주와 함께 다스릴 □□□가 됩니다.

3. 있는 것도 빼앗기리라

성구 26 주인이 이르되 내가 너희에게 말하노니 무릇 있는 자는 받겠고 □□ □는 그 있는 것도 □□□□□

그런데 한 므나를 수건에 싸 두었다가 그대로 가져 나온 종도 있었습니다. 그는 주인이 인색하고 무리한 요구를 하는 엄한 분이기 때문에, 장사를 하다가 원금을 잃게 될까 두려워 그렇게 했다고 핑계했습니다. 하지만 주인이 돈만 밝히는 사람이라고 생각했다면, 은행에라도 맡겨두어야 했을 것인데, 그것도 하지 않은 것을 볼 때 그의 마음에는 어떤 불만이 있었음을 알게 됩니다. 곧 그는 한 므나로 장사하라는 주인의 명령이 자기를 무시한 처사라고 오해하고 있었고, 또한 백성을 만나고 싶지도, 그들을 섬길 마음도 전혀 없었기 때문임을 유추해 볼 수 있습니다. 이에 주인은 그의 므나를 빼앗아 열 므나 있는 자에게 맡기라고 명하셨습니다. 천국의 법칙은 하나님을 경외하는 마음과 영혼들을 사랑하는 마음이 크면 클수록, 더 큰 능력을 부어주셔서 더 많은 사람을 섬길 수 있도록 하는 것입니다. 그러나 마음이 좁고 옹졸하고 이기적인 사람은 있는 능력까지 상실하게 됩니다.

요약 예수님은 하나님을 ____ ____ 하는 마음과 영혼들을 ____ ____ 하는 마음이 크면 클수록 더 큰 ____ ____ 을 부어주십니다.

아자! 라이프

요약 모음

- 나의 일상의 삶은 세상 사람들에게 왕으로 재림하실 예수님께서 얼마나 선한 분인지를 보여주기 위해 맡겨주신 한 므나입니다.
- 주인의 의도대로 사람들의 마음을 살 수 있는 종들은 주와 함께 다스릴 동역자가 됩니다.
- 예수님은 하나님을 경외하는 마음과 영혼들을 사랑하는 마음이 크면 클수록 더 큰 능력을 부어주십니다.

나눔 오늘 내용을 통해서 새롭게 알게 되었거나 결심한 바가 있으면 나누어 봅시다.

오늘 공부한 내용을 기억하면서 주중에 누가복음 19장 전체를 읽어 봅시다.

짧은 묵상

하나님의 일에 동참할 수 있는 것은 놀라운 특권입니다.

하나님은 반드시 갚아주실 것이 있는 자에게만 수고하게 하십니다.

누가의 종합

지저스 리포트 ❸

1판 1쇄 발행 2020년 2월 10일

지은이 권지현 • 다세연

발행인 권지현
편집 배경화
디자인 서은진
일러스트 유미솔 yoo101092@gmail.com

펴낸곳 지티엠
등록 제10-0763호
주소 05691 서울시 송파구 가락로 5길 13-7
전화 02-453-3818
홈페이지 www.gtm.or.kr

ISBN 978-89-85447-22-5 [44230]